Impressum
Verlag: BABADADA GmbH, Nedderfeld 112 , 22529 Hamburg
Geschäftsführer / Verlagsleitung: Harald Hof
Druck: Books on Demand GmbH, In de Tarpen 42, 22848 Norderstedt

Imprint
Publisher: BABADADA GmbH, Nedderfeld 112 , 22529 Hamburg, Germany
Managing Director / Publishing direction: Harald Hof
Print: Books on Demand GmbH, In de Tarpen 42, 22848 Norderstedt, Germany

škola

Szkoła

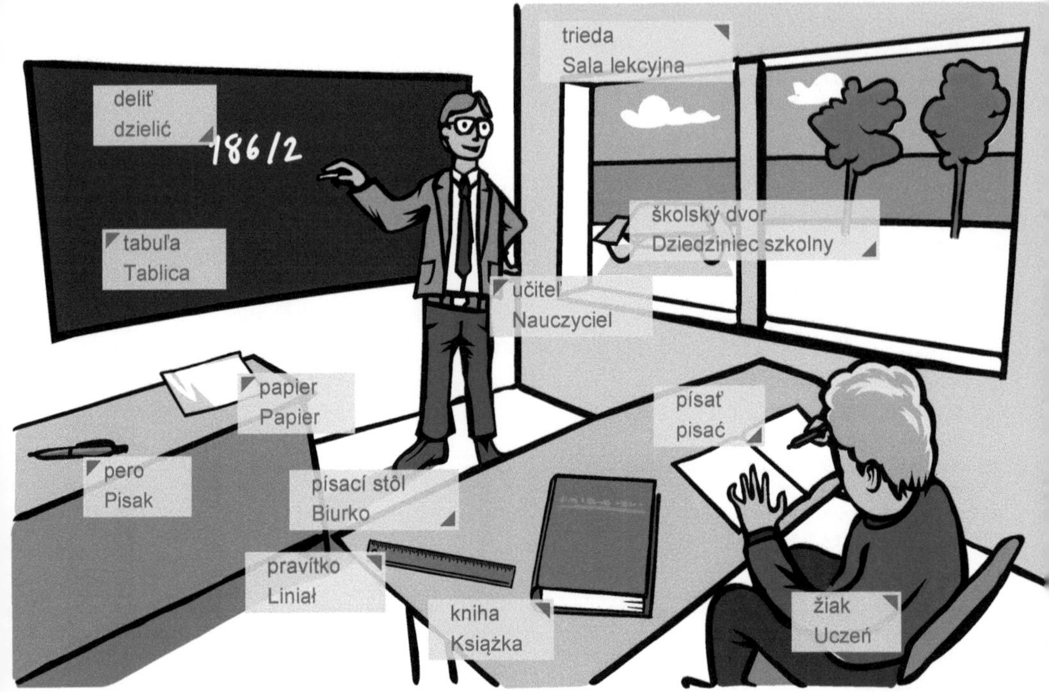

trieda
Sala lekcyjna
deliť
dzielić
186/2
tabuľa
Tablica
školský dvor
Dziedziniec szkolny
učiteľ
Nauczyciel
papier
Papier
písať
pisać
pero
Pisak
písací stôl
Biurko
pravítko
Liniał
kniha
Książka
žiak
Uczeń

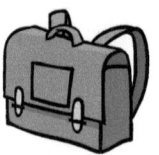

školská taška

Plecak szkolny

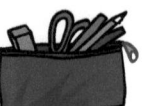

peračník

Piórnik

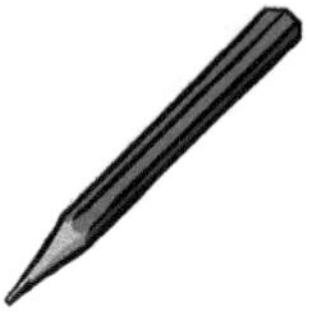

ceruza

Ołówek

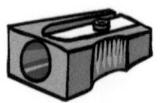

strúhadlo na ceruzky

Temperówka

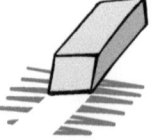

guma

Gumka do mazania

skicár

Blok rysunkowy

kresba
Rysunek

štetec
Pędzel

vodové farby
Pudełko z akwarelami

nožnice
Nożyce

lepidlo
Klej

cvičný zošit
Książka do ćwiczenia

domáca úloha
Zadanie domowe

12

číslo
Liczba

2+2

sčítať
dodawać

5-2

odčítať
odejmować

2×2

násobiť
mnożyć

počítať
liczyć

A

písmeno
Litera

**ABCDEFG
HIJKLMN
OPQRSTU
VWXYZ**

abeceda
Alfabet

slovo
Słowo

text

Tekst

čítať

czytać

krieda

Kreda

hodina

Godzina

triedna kniha

Dziennik lekcyjny

skúška

Egzamin

certifikát

Świadectwo

školská uniforma

Mundurek szkolny

vzdelanie

Wykształcenie

encyklopédia

Leksykon

univerzita

Uniwersytet

mikroskop

Mikroskop

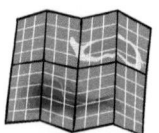

mapa

Mapa

kôš na papier

Kosz na odpadki

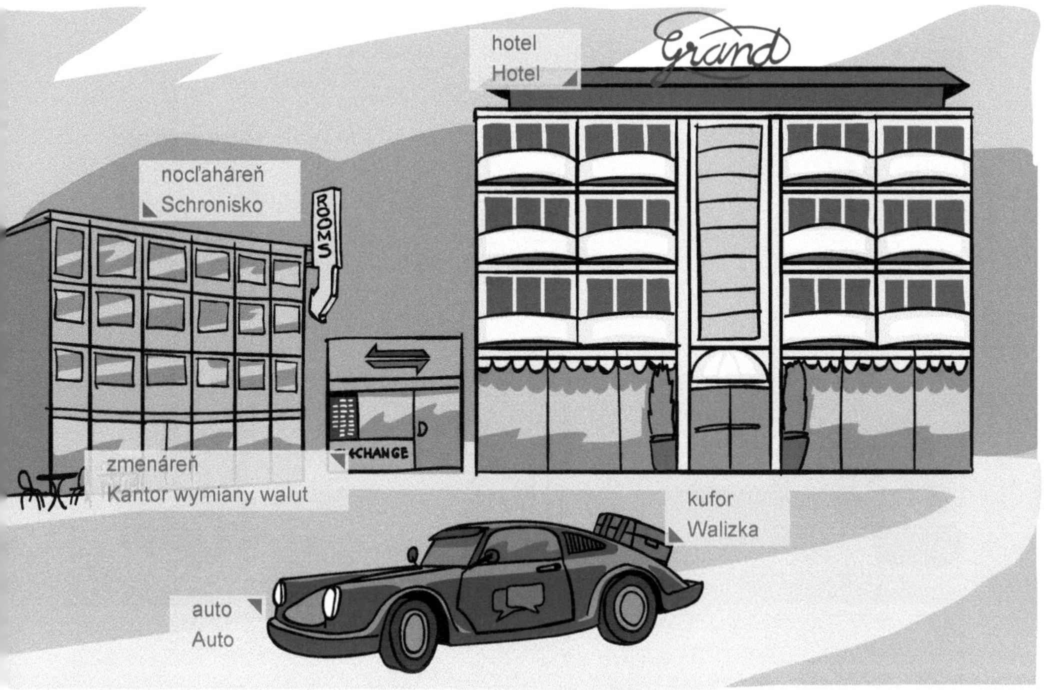

hotel
Hotel
Grand
nocľaháreň
Schronisko
ROOMS
EXCHANGE
zmenáreň
Kantor wymiany walut
kufor
Walizka
auto
Auto

jazyk

Język

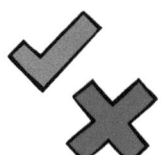

áno/nie

tak / nie

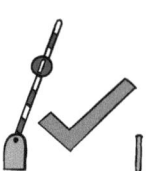

v poriadku

OK

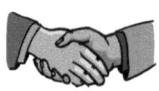

ahoj

Halo

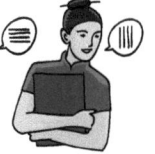

prekladateľ

Tłumacz

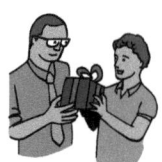

ďakujem

Dziękuję

Koľko stojí ... ?

Ile kosztuje ...?

Nerozumiem

Nie rozumiem

problém

Problem

Dobrý večer!

Dobry wieczór!

Dobré ráno!

Dzień dobry!

Dobrú noc!

Dobranoc!

Dovidenia

Do widzenia

smer

Kierunek

batožina

Bagaż

taška

Torba

batoh

Plecak

hosť

Gość

izba

Pokój

spacák

Śpiwór

stan

Namiot

informácie pre turistov

Informacja turystyczna

pláž

Plaża

kreditná karta

Karta kredytowa

raňajky

Śniadanie

obed

Obiad

večera

Kolacja

cestovný lístok

Bilet

výťah

Winda

poštová známka

Znaczek na list

hranica

Granica

clo

Cło

veľvyslanectvo

Ambasada

vízum

Wiza

cestovný pas

Paszport

doprava
Transport

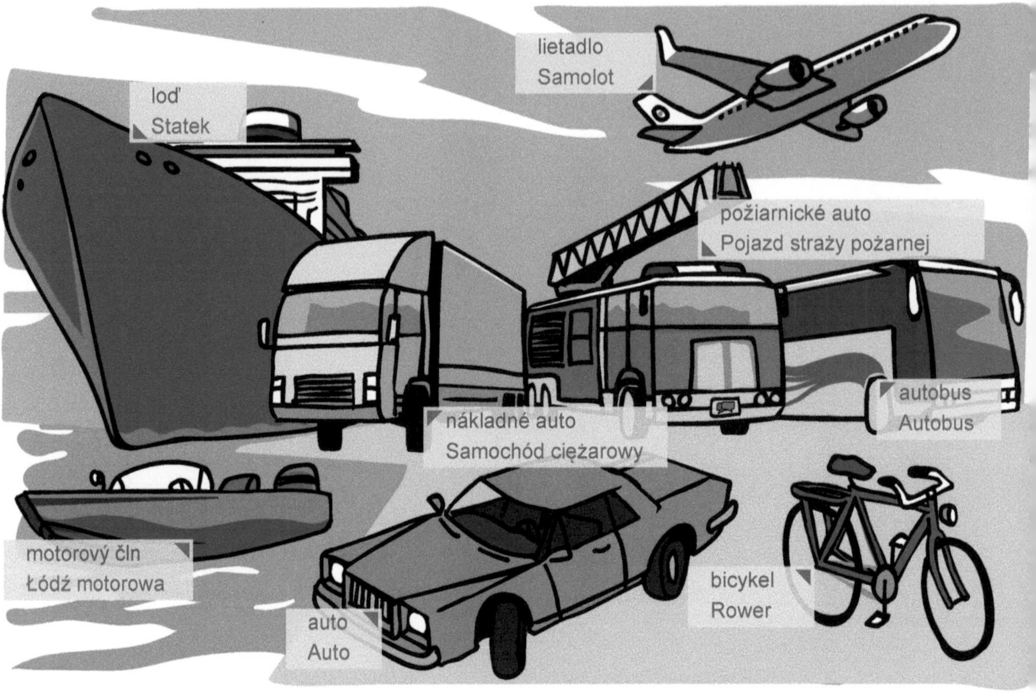
lietadlo
Samolot
loď
Statek
požiarnické auto
Pojazd straży pożarnej
autobus
Autobus
nákladné auto
Samochód ciężarowy
motorový čln
Łódź motorowa
bicykel
Rower
auto
Auto

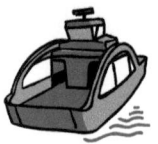

trajekt

Prom

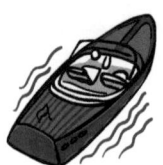

loď

Łódź

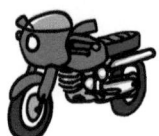

motorka

Motocykl

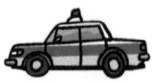

policajné auto

Radiowóz policyjny

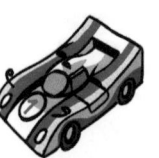

pretekárske auto

Samochód wyścigowy

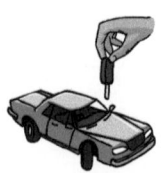

vozidlo z požičovne

Samochód wypożyczony

carsharing

Wspólne przejazdy
samochodem

odťahové auto

Samochód pomocy
drogowej

smetiarske auto

Śmieciarka

motor

Silnik

benzín

Benzyna

čerpacia stanica

Stacja benzynowa

dopravná značka

Znak drogowy

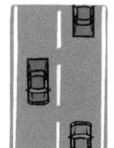

premávka

Ruch

zápcha

Korek

parkovisko

Parking

vlaková stanica

Dworzec

trate

Szyny

vlak

Pociąg

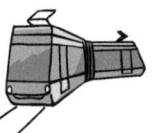

električka

Tramwaj

vagón

Wagon

helikoptéra

Helikopter

letisko

Lotnisko

veža

Wieża

pasažier

Pasażer

kontajner

Kontener

kartón

Karton

vozík

Taczka

kôš

Kosz

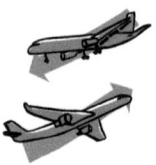

štartovať / pristáť

startować / lądować

mesto
Miasto

dedina

Wieś

centrum mesta

Centrum miasta

dom

Dom

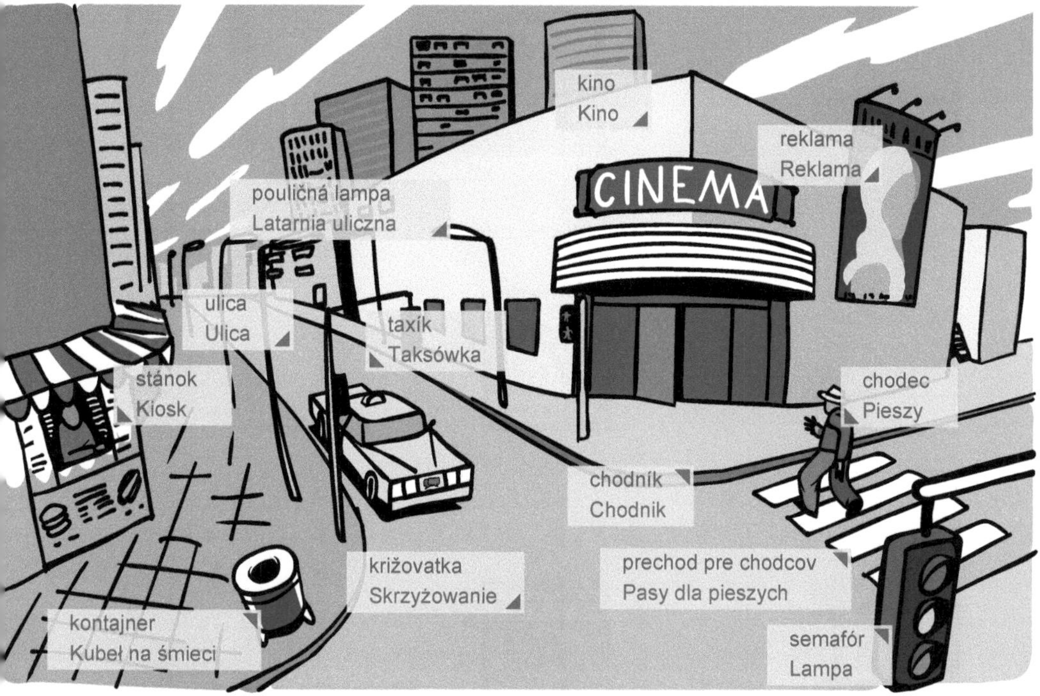

kino
Kino

reklama
Reklama

pouličná lampa
Latarnia uliczna

CINEMA

ulica
Ulica

taxík
Taksówka

stánok
Kiosk

chodec
Pieszy

chodník
Chodnik

križovatka
Skrzyżowanie

prechod pre chodcov
Pasy dla pieszych

kontajner
Kubeł na śmieci

semafór
Lampa

chata
....
Chata

byt
....
Mieszkanie

vlaková stanica
....
Dworzec

radnica
....
Ratusz

múzeum
....
Muzeum

škola
....
Szkoła

univerzita

Uniwersytet

banka

Bank

nemocnica

Szpital

hotel

Hotel

lekáreň

Apteka

kancelária

Biuro

kníhkupectvo

Księgarnia

obchod

Sklep

kvetinárstvo

Kwiaciarnia

supermarket

Supermarket

trh

Rynek

obchodný dom

Dom towarowy

obchodník s rybami

Sklep z rybami

nákupné stredisko

Centrum handlowe

prístav

Port

park

Park

lavička

Ławka

most

Most

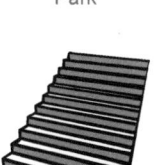

schody

Schody

metro

Metro

tunel

Tunel

autobusová zastávka

Przystanek autobusowy

bar

Bar

reštaurácia

Restauracja

poštová schránka

Skrzynka na listy

tabuľa s názvom ulice

Tabliczka z nazwą ulicy

parkovacie hodiny

Parkometr

ZOO

Zoo

plaváreň

Łaźnia

mešita

Meczet

farma

Gospodarstwo chłopskie

znečisťovanie životného prostredia

Zanieczyszczenie środowiska

cintorín

Cmentarz

kostol

Kościół

ihrisko

Plac zabaw

chrám

Świątynia

terén

Krajobraz

list
Liść

smerová tabuľa
Drogowskaz

cesta
Droga

lúka
Łąka

kameň
Kamień

strom
Drzewo

turista
Wędrowiec

rieka
Rzeka

tráva
Trawa

kvet
Kwiat

14

dolina

Dolina

kopec

Góra

jazero

Jezioro

les

Las

púšť

Pustynia

vulkán

Wulkan

zámok

Zamek

dúha

Tęcza

hríb

Grzyb

palma

Palma

komár

Komar

mucha

Mucha

mravec

Mrówka

včela

Pszczoła

pavúk

Pająk

chrobák

Chrząszcz

žaba

Żaba

veverička

Wiewiórka

jež

Jeż

zajac

Zając

sova

Sowa

vták

Ptak

labuť

Łabędź

diviak

Dzik

jeleň

Jeleń

los

Łoś

hrádza

Tama

veterná turbína

Wiatrak

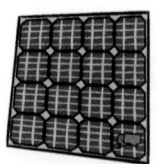

solárny panel

Moduł solarny

podnebie

Klimat

reštaurácia
Restauracja

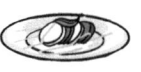

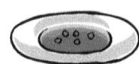

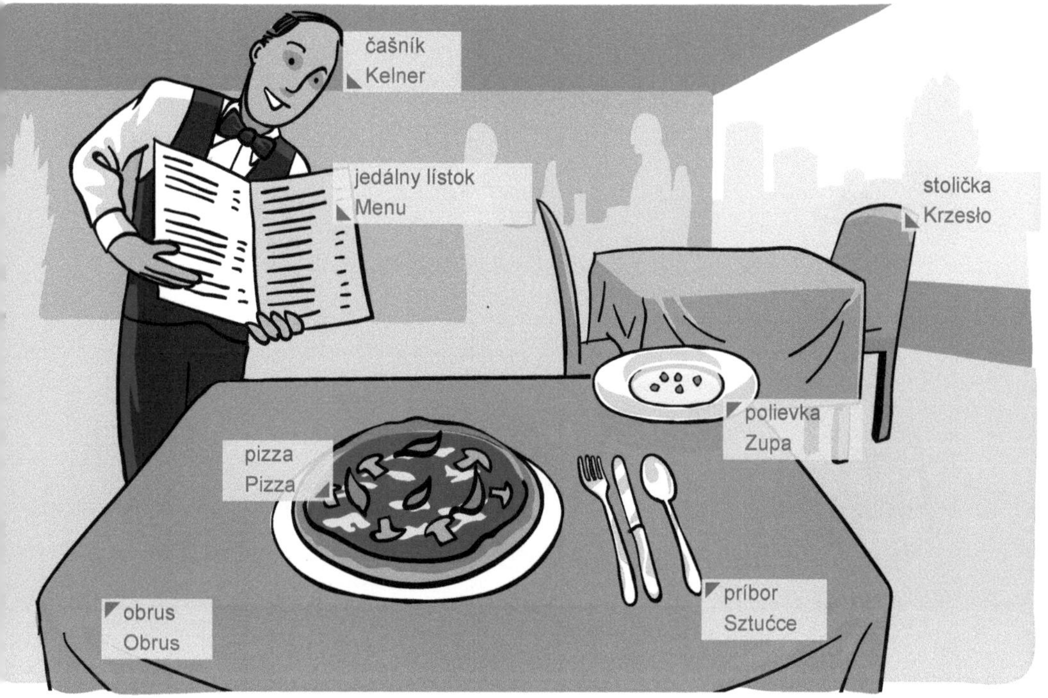
čašník
Kelner
jedálny lístok
Menu
stolička
Krzesło
polievka
Zupa
pizza
Pizza
príbor
Sztućce
obrus
Obrus

predjedlo

Przystawka

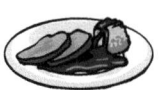

hlavné jedlo

Danie główne

zákusok

Deser

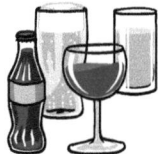

nápoje

Napoje

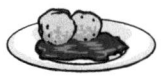

jedlo

Jedzenie

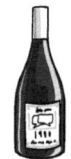

fľaša

Butelka

fast-food
Fastfood

street food
Streetfood

kanvica na čaj
Dzbanek na herbatę

cukornička
Cukierniczka

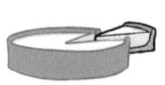

porcia
Porcja

stroj na espresso
Zaparzarka do espresso

detská stolička
Krzesło dla dziecka

účet
Rachunek

podnos
Taca

nôž
Noż

vidlička
Widelec

lyžica
Łyżka

čajová lyžička
Łyżeczka

obrúsok
Serwetka

pohár
Szklanka

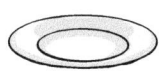

tanier

Talerz

hlboký tanier

Talerz do zupy

podšálka

Podstawek pod filiżankę

omáčka

Sos

soľnička

Solniczka

mlynček na korenie

Młynek do pieprzu

ocot

Ocet

olej

Olej

korenie

Przyprawy

kečup

Keczup

horčica

Musztarda

majonéza

Majonez

supermarket
Supermarket

špeciálna ponuka
Oferta
klient
Klient
FOR
mliečne výrobky
Produkty mleczne
ovocie
Owoce
nákupný vozík
Wózek sklepowy

BUTCHERS

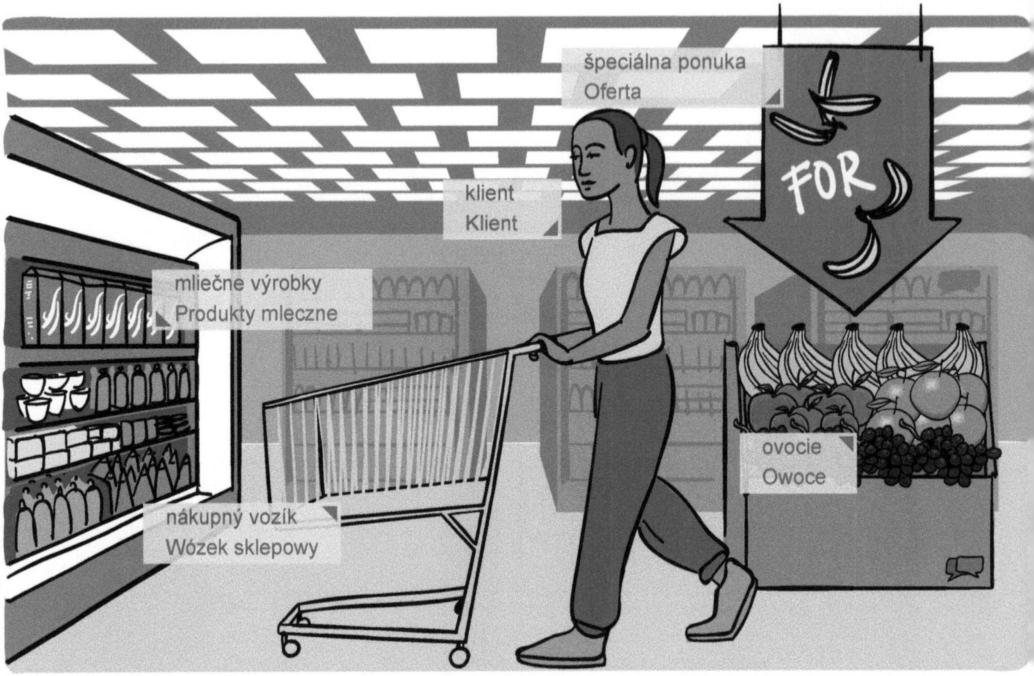

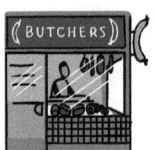

mäsiarstvo

Rzeźnia

BAKERY

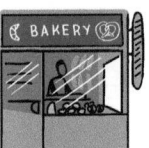

pekáreň

Piekarnia

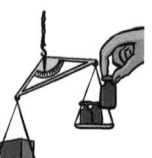

vážiť

ważyć

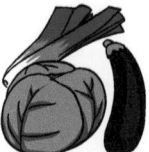

zelenina

Warzywa

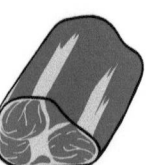

mäso

Mięso

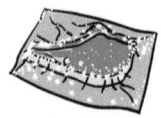

mrazené potraviny

Mrożonki

nárez

Wędliny

konzervy

Konserwy

prací prostriedok

Proszek m do prania

sladkosti

Słodycze

domáce potreby

Artykuły użytku domowego

čistiace prostriedky

Środek czyszczący

predavačka

Sprzedawczyni

pokladňa

Kasa

pokladník

Kasjer

nákupný zoznam

Lista zakupów

otváracie hodiny

Godziny otwarcia

peňaženka

Portfel

kreditná karta

Karta kredytowa

taška

Torba

plastové vrecko

Torebka plastikowa

voda
Woda

džús
Sok

mlieko
Mleko

kola
Cola

víno
Wino

pivo
Piwo

alkohol
Alkohol

kakao
Kakao

čaj
Herbata

káva
Kawa

espresso
Espresso

kapučíno
Cappuccino

banán
....
Banan

jablko
....
Jabłko

pomaranč
....
Pomarańcza

melón
....
Arbuz

citrón
....
Cytryna

mrkva
....
Marchew

cesnak
....
Czosnek

bambus
....
Bambus

cibuľa
....
Cebula

hríb
....
Grzyb

orechy
....
Orzechy

rezance
....
Makaron

špagety

Spaghetti

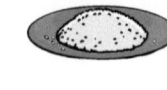

ryža

Ryż

šalát

Sałatka

hranolky

Frytki

pečené zemiaky

Ziemniaki pieczone

pizza

Pizza

hamburger

Hamburger

obložený chlebík

Kanapka

rezeň

Sznycel

šunka

Szynka

saláma

Salami

klobása

Kiełbasa

kurča

Kura

pečené mäso

Pieczeń

ryba

Ryba

ovsené vločky

Płatki owsiane

müsli

Musli

kukuričné lupienky

Płatki kukurydziane

múka

Mąka

croissant

Croissant

pečivo

Bułka

chlieb

Chleb

hrianka

Toast

sušienky

Ciastka

maslo

Masło

tvaroh

Twarożek

koláč

Ciasto

vajce

Jajko

volské oko

Jajko sadzone

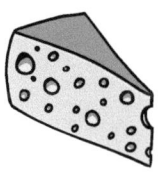

syr

Ser

zmrzlina

Lody

cukor

Cukier

med

Miód

lekvár

Marmolada

nugátová nátierka

Krem nugatowy

karí korenie

Curry

farma
Gospodarstwo chłopskie

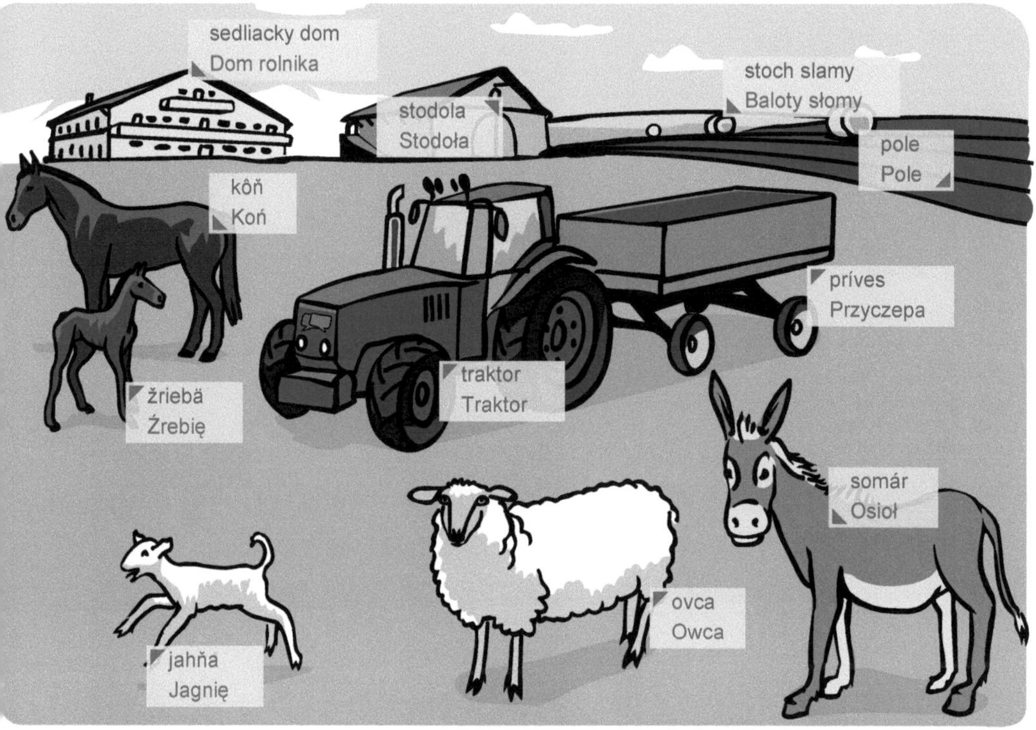
sedliacky dom
Dom rolnika
stodola
Stodoła
stoch slamy
Baloty słomy
pole
Pole
kôň
Koń
príves
Przyczepa
žriebä
Źrebię
traktor
Traktor
somár
Osioł
ovca
Owca
jahňa
Jagnię

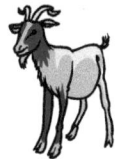

koza

Koza

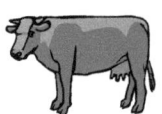

krava

Krowa

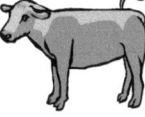

teľa

Cielę

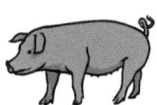

prasa

Świnia

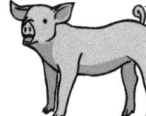

prasiatko

Prosię

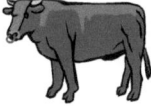

býk

Byk

hus

Gęś

kačica

Kaczka

kuriatko

Kurczątko

sliepka

Kura

kohút

Kogut

potkan

Szczur

mačka

Kot

myš

Mysz

vôl

Osioł

pes

Pies

psia búda

Buda dla psa

záhradná hadica

Wąż ogrodowy

krhla

Konewka

kosa

Kosa

pluh

Pług

kosák

Sierp

motyka

Graca

vidly na hnoj

Widły

sekera

Siekiera

fúrik

Taczka

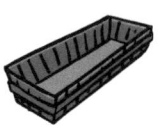

koryto

Koryto

kanva na mlieko

Kanka na mleko

vrece

Worek

plot

Płot

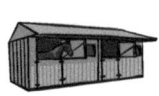

maštaľ

Stajnia

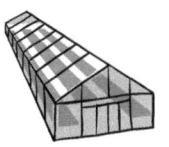

skleník

Szklarnia

pôda

Ziemia

osivo

Nasiona

hnojivo

Nawóz

kombajn

Kombajn zbożowy

žať
....
zbierać

žatva
....
Żniwa

batát
....
Podchrzyn

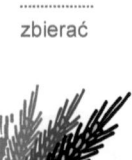

pšenica
....
Pszenica

sója
....
Soja

zemiak
....
Ziemniak

kukurica
....
Kukurydza

repka
....
Rzepak

ovocný strom
....
Drzewo owocowe

maniok
....
Maniok

obilie
....
Zboże

komín
Komin

strecha
Dach

dažďový odkvap
Rynna deszczowa

okno
Okno

garáž
Garaż

zvonček
Dzwonek

dvere
Drzwi

odpadkový kôš
Wiaderko na śmieci

poštová schránka
Skrzynka na listy

záhrada
Ogród

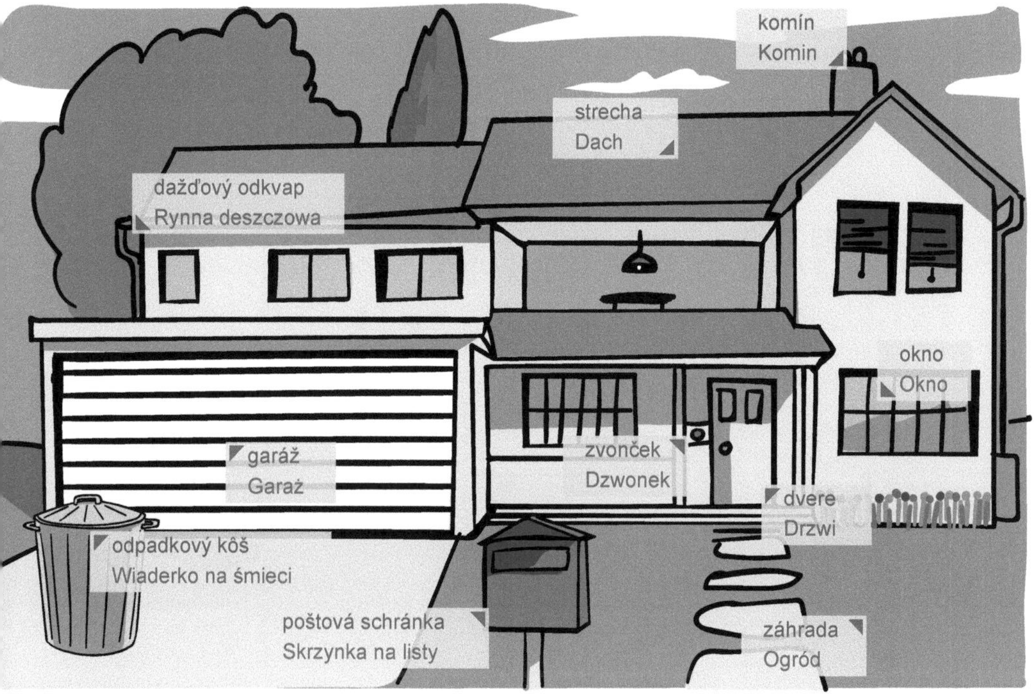

obývačka

Pokój dzienny

kúpeľňa

Łazienka

kuchyňa

Kuchnia

spálňa

Sypialnia

detská izba

Pokój dziecięcy

jedáleň

Jadalnia

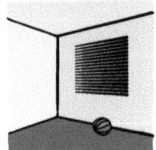

podlaha

Ziemia

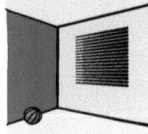

stena

Ściana

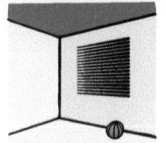

strop

Koc

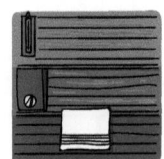

pivnica

Piwnica

sauna

Sauna

balkón

Balkon

terasa

Taras

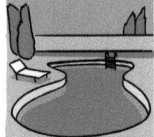

bazén

Basen

kosačka

Kosiarka do trawy

obliečka

Poszwa

posteľná prikrývka

Kołdra

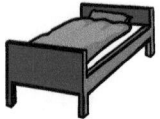

posteľ

Łóżko

metla

Miotła

vedro

Wiadro

vypínač

Włącznik

obývačka
Pokój dzienny

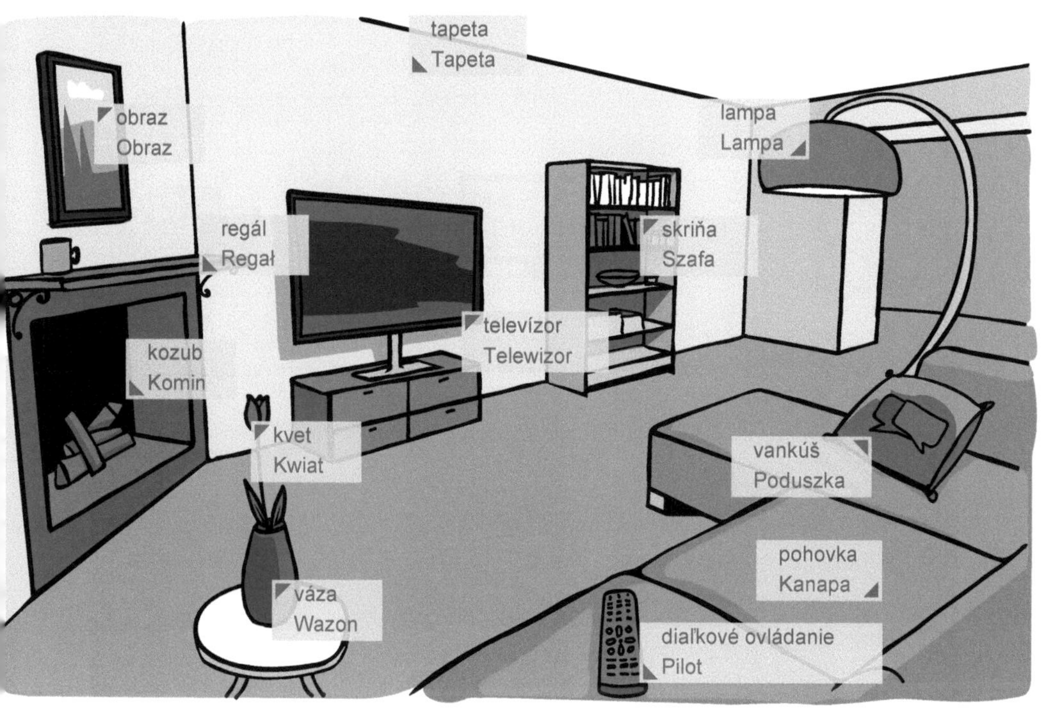

tapeta
Tapeta
obraz
Obraz
lampa
Lampa
regál
Regał
skriňa
Szafa
televízor
Telewizor
kozub
Komin
kvet
Kwiat
vankúš
Poduszka
pohovka
Kanapa
váza
Wazon
diaľkové ovládanie
Pilot

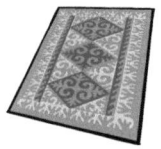

koberec

Dywan

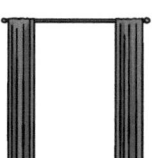

záclona

Zasłona

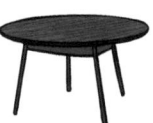

stôl

Stół

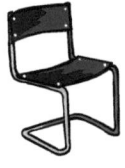

stolička

Krzesło

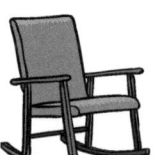

hojdacie kreslo

Bujak

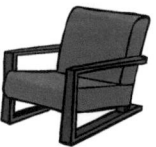

kreslo

Fotel

kniha

Książka

prikrývka

Sufit

dekorácia

Dekoracja

drevo na kúrenie

Drewno kominkowe

film

Film

hi-fi veža

Instalacja stereo

kľúč

Klucz

noviny

Gazeta

maľba

Malunek

plagát

Plakat

rádio

Radio

zápisník

Notatnik

vysávač

Odkurzacz

kaktus

Kaktus

sviečka

Świeczka

kuchyňa
Kuchnia

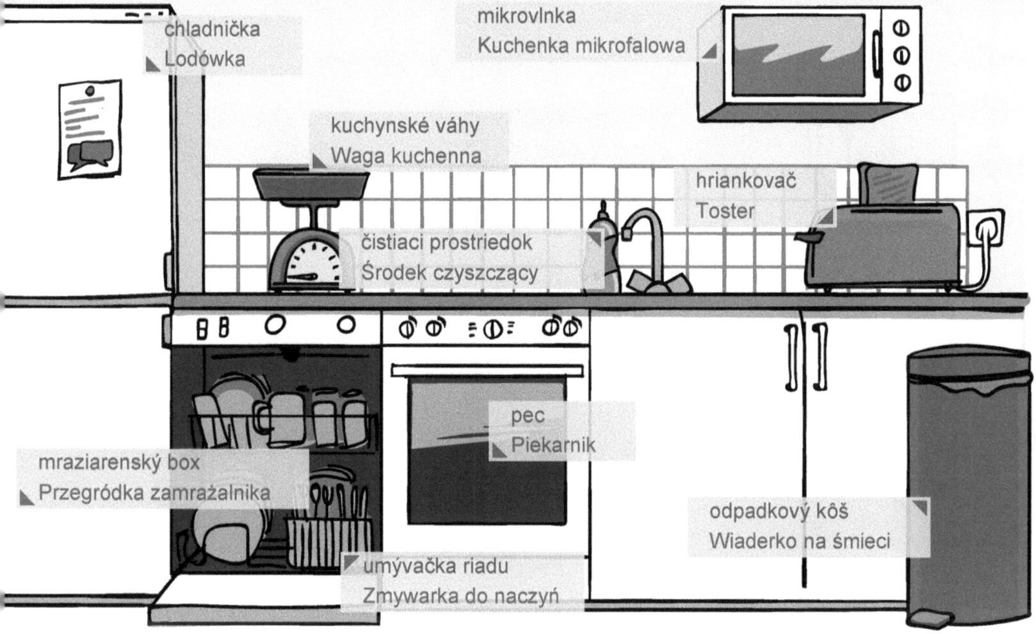
chladnička
Lodówka
mikrovlnka
Kuchenka mikrofalowa
kuchynské váhy
Waga kuchenna
hriankovač
Toster
čistiaci prostriedok
Środek czyszczący
pec
Piekarnik
mraziarenský box
Przegródka zamrażalnika
odpadkový kôš
Wiaderko na śmieci
umývačka riadu
Zmywarka do naczyń

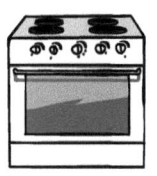

sporák

Kuchenka

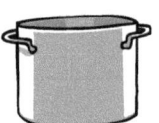

hrniec

Garnek

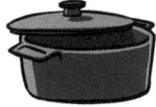

železný hrniec

Kocioł żeliwny

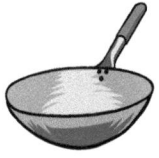

wok / kadai

Wok / Kadai

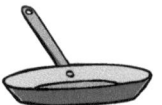

panvica

Patelnia

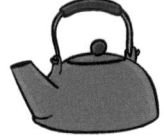

rýchlovarná kanvica

Czajnik

parný hrniec

Parowar

plech na pečenie

Blacha do pieczenia

riad

Naczynia kuchenne

pohár

Kubek

misa

Miska

paličky

Pałeczki

naberačka na polievku

Nabierka

stierka

Łopatka do smażenia

metlička

Trzepaczka do śmietany

cedidlo

Cedzak

sitko

Sitko

strúhadlo

Tarka

mažiar

Moździerz

gril

Grillowanie

ohnisko

Palenisko

kuchyňa - Kuchnia

doska na krájanie

Deska

valček na cesto

Wałek do ciasta

vývrtka

Korkociąg

konzerva

Puszka

otvárač na konzervy

Otwieracz do puszek

chňapka

Ściereczka do trzymania garnka

výlevka

Umywalka

kefa

Szczotka

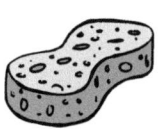

hubka

Gąbka

mixér

Mikser

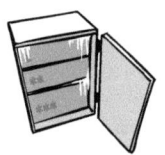

mraznička

Zamrażarka

kojenecká fľaša

Butelka dla niemowlęcia

vodovodný kohútik

Kran

kúpeľňa
Łazienka

kúrenie
Ogrzewanie
uterák
Ręcznik
sprcha
Prysznic
sprchový záves
Kotara prysznicowa
pena do kúpeľa
Płyn do kąpieli
vaňa
Wanna kąpielowa
pohár
Szklanka
práčka
Pralka
vodovodný kohútik
Kran
dlaždice
Kafelki
nočník
Nocnik
výlevka
Umywalka

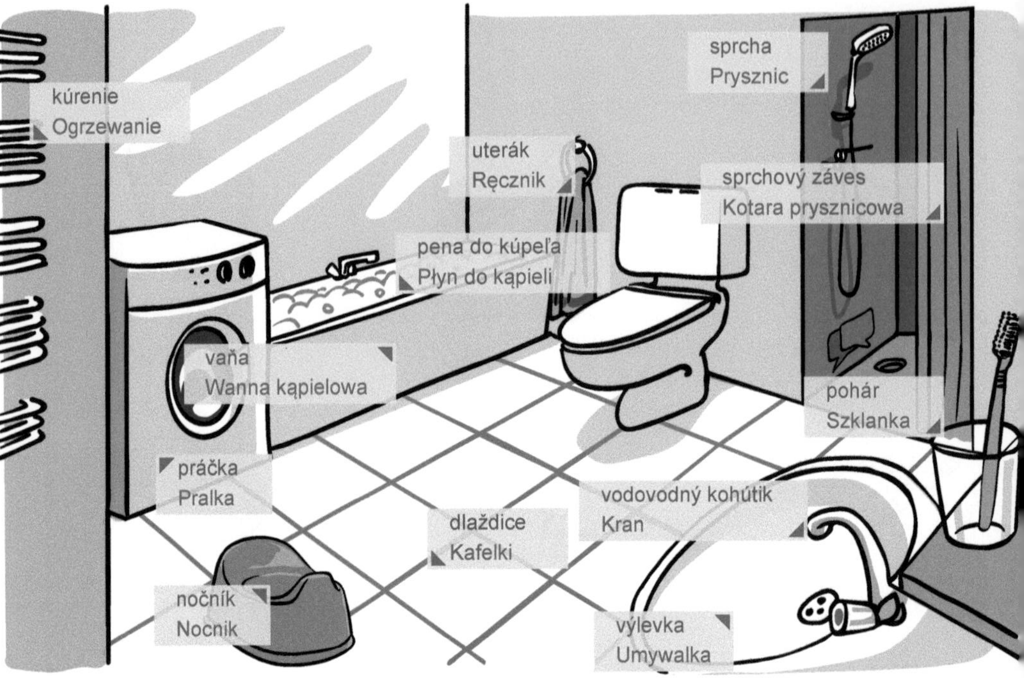

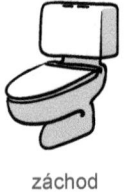

záchod
Toaleta

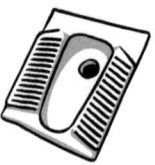

suchý záchod
Toaleta kuczna

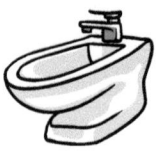

bidet
Bidet

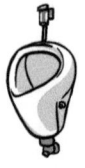

pisoár
Pisuar

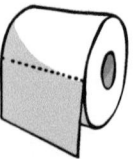

toaletný papier
Papier toaletowy

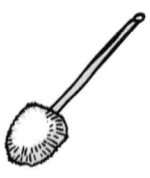

záchodová kefa
Szczotka toaletowa

zubná kefka

Szczoteczka do zębów

zubná pasta

Pasta do zębów

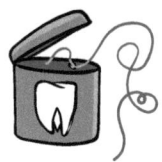

dentálna niť

Nitki do czyszczenia zębów

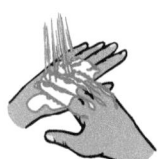

umývať

myć

ručná sprcha

Głowica prysznicowa

sprcha pre intímnu hygienu

Płyn kąpielowy do higieny intymnej

umývadlo

Miska do mycia

kefa na chrbát

Szczotka kąpielowa

mydlo

Mydło

sprchový gél

Żel prysznicowy

šampón

Szampon

frotírová rukavica

Rękawica kąpielowa

odtok

Odpływ

krém

Krem

dezodorant

Dezodorant

zrkadlo

Lustro

kozmetické zrkadlo

Lustro kosmetyczne

žiletka

Golarka

pena na holenie

Pianka do golenia

voda po holení

Woda po goleniu

hrebeň

Grzebień

kefa

Szczotka

sušič vlasov

Suszarka do włosów

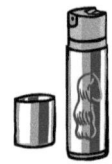

sprej na vlasy

Spray do włosów

make-up

Makijaż

rúž

Pomadka

lak na nechty

Lakier do paznokci

vata

Wata

nožnice na nechty

Nożyczki do paznokci

parfum

Perfum

kozmetická taška

Kosmetyczka

stolček

Taboret

váha

Waga

kúpací plášť

Szlafrok kąpielowy

gumové rukavice

Rękawice gumowe

tampón

Tampon

menštruačná vložka

Podpaska damska

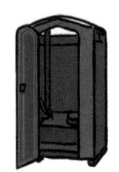

chemické WC

Toaleta chemiczna

detská izba
Pokój dziecięcy

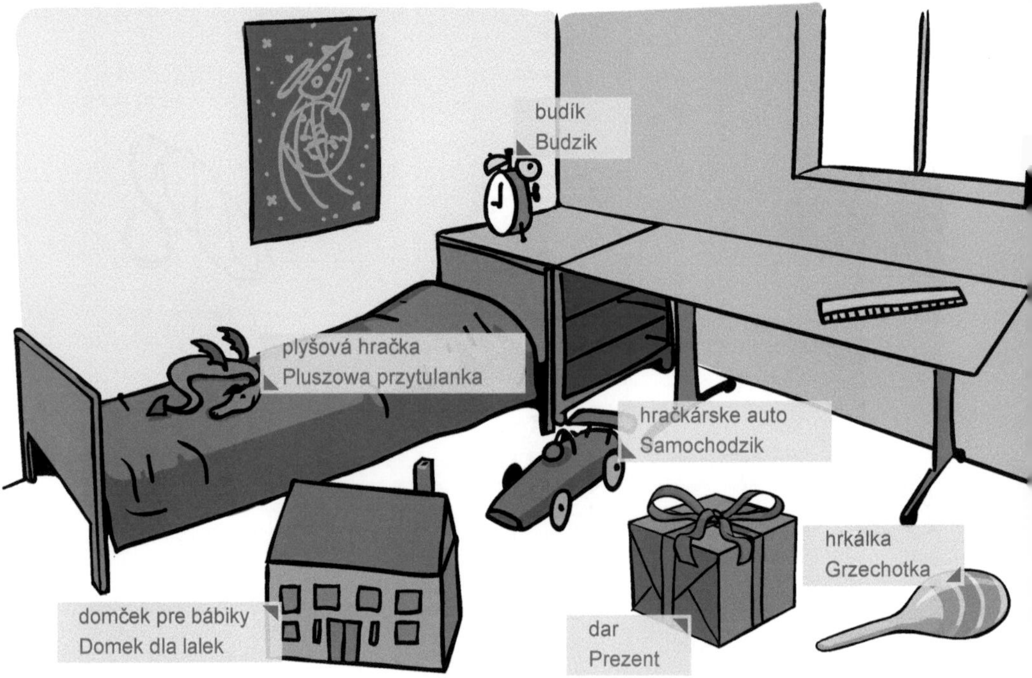

budík
Budzik
plyšová hračka
Pluszowa przytulanka
hračkárske auto
Samochodzik
hrkálka
Grzechotka
domček pre bábiky
Domek dla lalek
dar
Prezent

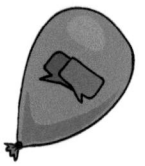

balón

Balon

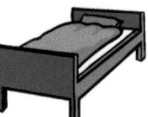

posteľ

Łóżko

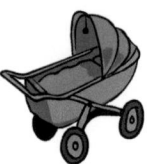

detský kočík

Wózek dziecięcy

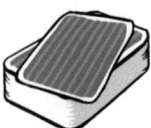

karty

Gra w karty

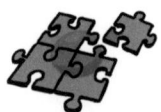

puzzle

Puzzle

komix

Komiks

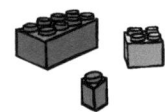

skladačka lego

Klocki lego

stavebnica

Klocki

akčná postavička

Action figura

dupačky

Śpioszek dziecięcy

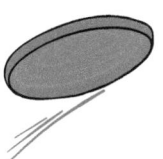

lietajúci tanier

Frisbee

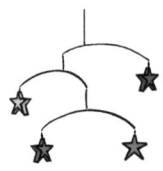

závesné hračky

Zabawki ruchome

stolová hra

Gra planszowa

kocka

Kości

modelový vláčik

Kolejka elektryczna

cumlík

Smoczek

párty

Przyjęcie

obrázková kniha

Książka z ilustracjami

lopta

Piłka

bábika

Lalka

hrať sa

bawić się

pieskovisko

Piaskownica

hojdačka

Huśtawka

hračky

Zabawki

hracia konzola

Konsola do gier

trojkolka

Rowerek trójkołowy

medvedík

Pluszowy miś

šatník

Szafa ubraniowa

šatstvo

Ubiór

ponožky

Skarpety

pančuchy

Pończochy

pančuchové nohavičky

Rajstopy

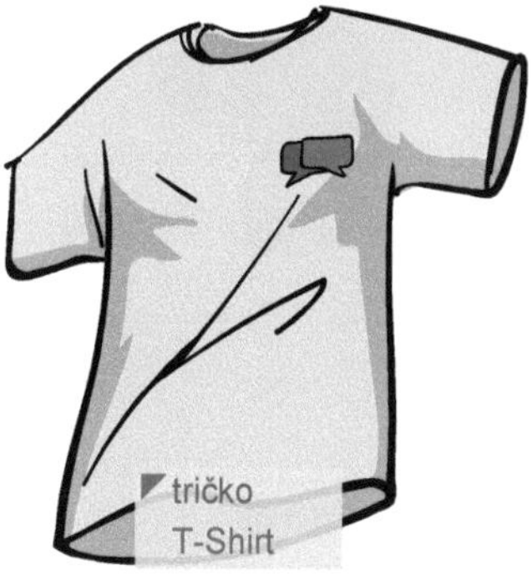

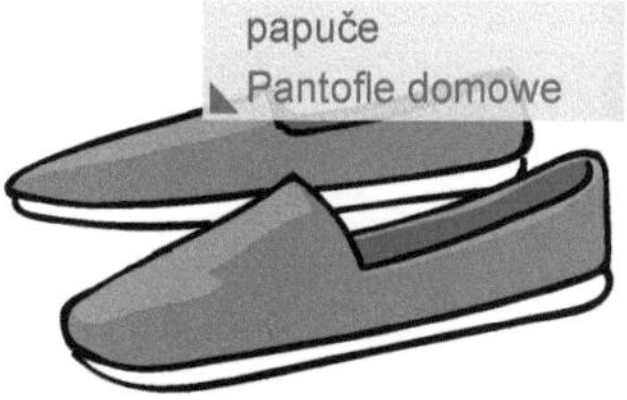

šál
Szal

opasok
Pasek

dáždnik
Parasol

tričko
T-Shirt

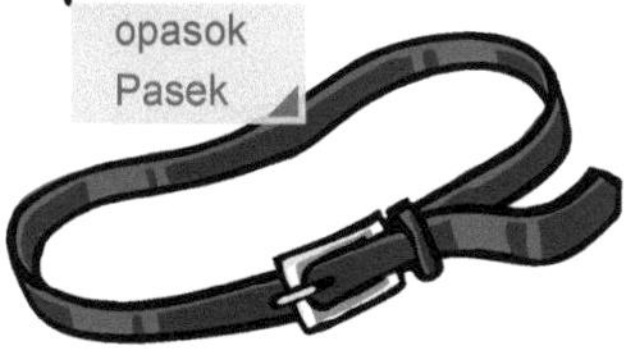

čižmy
Kozaki

papuče
Pantofle domowe

tenisky
Obuwie sportowe

sandále
Sandały

topánky
Buty

gumáky
Kalosze

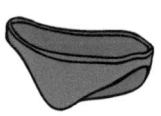

spodky
Majtki

podprsenka
Biustonosz

tielko
Podkoszulek

body

Body

nohavice

Spodnie

džínsy

Dżins

sukňa

Spódnica

blúzka

Bluzka

košeľa

Koszula

pulóver

Pulower

sveter

Bluza sportowa

blejzer

Marynarka

bunda

Kurtka

kabát

Płaszcz

pršiplášť

Płaszcz przeciwdeszczowy

kostým

Kostium

šaty

Sukienka

svadobné šaty

Suknia ślubna

oblek

Garnitur męski

nočná košeľa

Koszula nocna

pyžamo

Piżama

sari

Sari

šatka na hlavu

Chusta na głowę

turban

Turban

burka

Burka

kaftan

Kaftan

abaja

Abaya

dvojdielne plavky

Strój kąpielowy

plavky

Kąpielówki

šortky

Krótkie spodnie

tepláková súprava

Dres sportowy

zástera

Fartuch

rukavice

Rękawiczki

gombík

Guzik

okuliare

Okulary

náramok

Bransoletka

retiazka

Łańcuszek

prsteň

Pierścionek

náušnica

Kolczyk

čiapka

Czapka

vešiak

Wieszak

klobúk

Kapelusz

kravata

Krawat

zips

Zamek błyskawiczny

prilba

Kask

traky

Szelki

školská uniforma

Mundurek szkolny

uniforma

Mundur

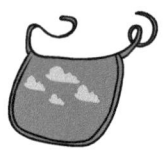

podbradník

Śliniaczek

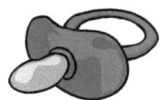

cumlík

Smoczek

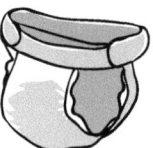

plienka

Pieluszka

kancelária

Biuro

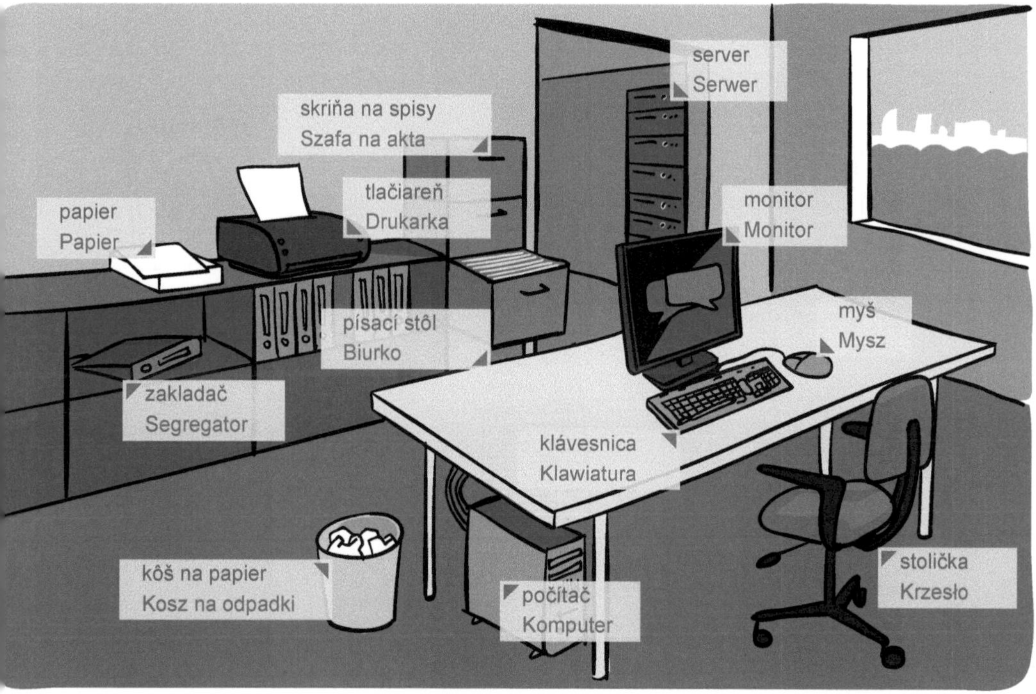
server
Serwer
skriňa na spisy
Szafa na akta
tlačiareň
Drukarka
papier
Papier
monitor
Monitor
myš
Mysz
písací stôl
Biurko
zakladač
Segregator
klávesnica
Klawiatura
kôš na papier
Kosz na odpadki
počítač
Komputer
stolička
Krzesło

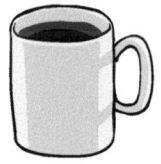

hrnček na kávu

Filiżanka do kawy

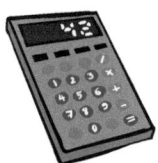

kalkulačka

Kalkulator

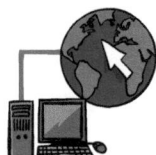

internet

Internet

laptop

Laptop

list

List

správa

Wiadomość

mobil

Komórka

sieť

Sieć

kopírka

Kopiarka

softvér

Oprogramowanie

telefón

Telefon

elektrická zásuvka

Gniazdko

fax

Faks

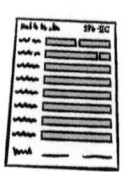

formulár

Formularz

doklad

Dokument

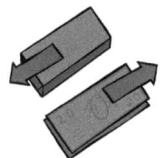

kúpiť

kupić

platiť

płacić

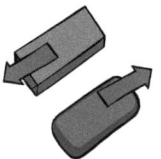

obchodovať

postępować

peniaze

Pieniądze

dolár

Dolar

euro

Euro

jen

Jen

rubeľ

Rubel

švajčiarsky frank

Frank

čínsky jüan

Juan Renminbi

rupia

Rupia

bankomat

Bankomat

zmenáreň

Kantor wymiany walut

zlato

Złoto

striebro

Srebro

ropa

Olej

energia

Energia

cena

Cena

zmluva

Umowa

daň

Podatek

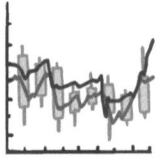

akcia

Akcja

pracovať

pracować

zamestnanec

Pracownik umysłowy

zamestnávateľ

Pracodawca

továreň

Fabryka

obchod

Sklep

povolania
Zawody

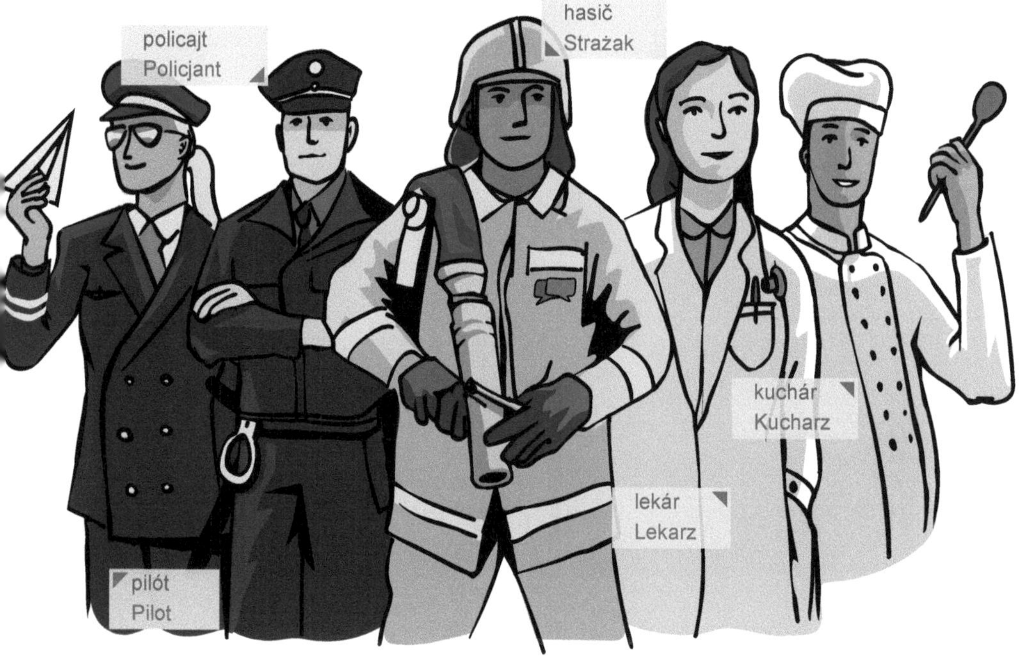

policajt
Policjant
hasič
Strażak
kuchár
Kucharz
lekár
Lekarz
pilót
Pilot

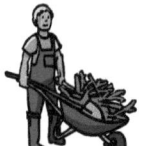

záhradník

Ogrodnik

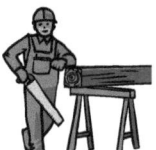

stolár

Stolarz

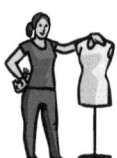

krajčírka

Krawcowa

sudca

Sędzia

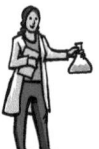

chemik

Chemik

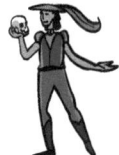

herec

Aktor

vodič autobusu

Kierowca autobusu

taxikár

Taksówkarz

rybár

Fischer

upratovačka

Sprzątaczka

pokrývač

Dekarz

čašník

Kelner

poľovník

Myśliwy

maliar

Malarz

pekár

Piekarz

elektrikár

Elektryk

stavebný robotník

Robotnik budowlany

inžinier

Inżynier

mäsiar

Rzeźnik

klampiar

Instalator

poštár

Listonosz

vojak

Żołnierz

architekt

Architekt

pokladník

Kasjer

kvetinár

Florysta

kaderník

Fryzjer

sprievodca

Konduktor

mechanik

Mechanik

kapitán

Kapitan

zubár

Dentysta

vedec

Naukowiec

rabín

Rabin

imám

Imam

mních

Mnich

farár

Proboszcz

náradie
Narzędzia

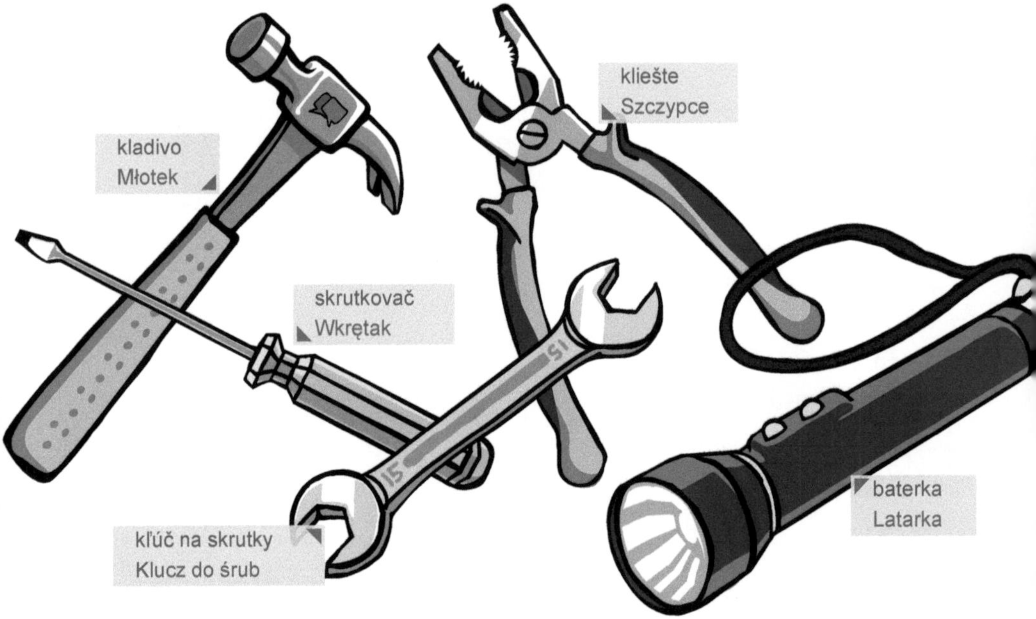
kladivo
Młotek
kliešte
Szczypce
skrutkovač
Wkrętak
kľúč na skrutky
Klucz do śrub
baterka
Latarka

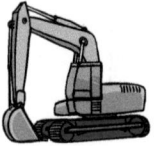

bager

Koparka

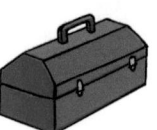

súprava náradia

Skrzynka narzędziowa

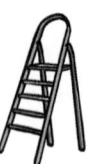

rebrík

Drabina

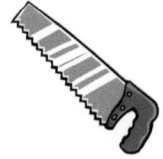

pílka

Piła

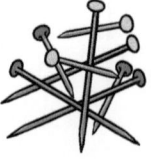

klince

Gwoździe

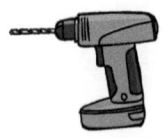

vrták

Wiertło

opravit
....
naprawić

lopata
....
Łopatka

Do čerta!
....
Cholera!

lopatka na smeti
....
Szufelka

nádoba s farbou
....
Puszka z farbą

skrutky
....
Śruby

hudobné nástroje
Instrumenty muzyczne

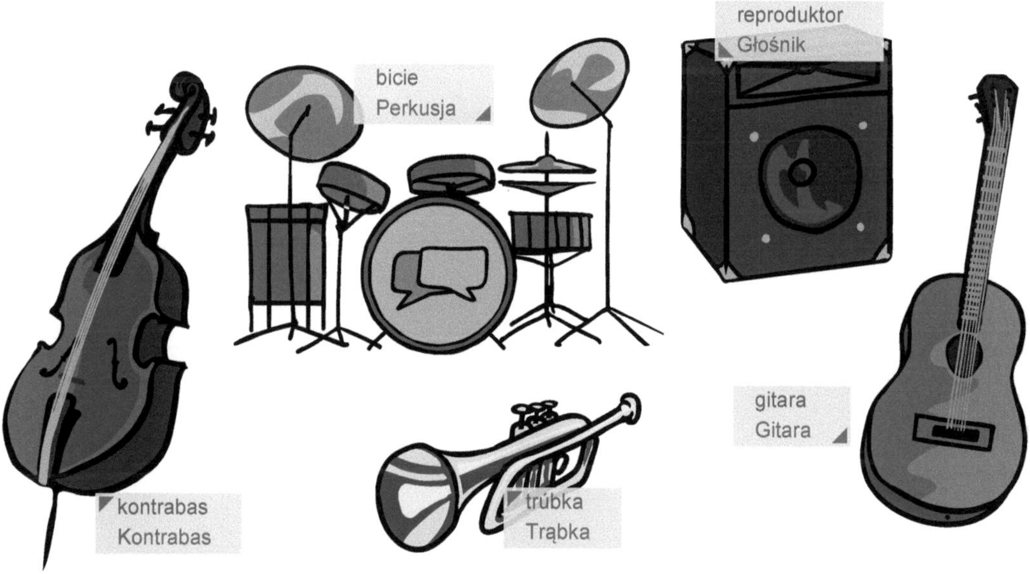

reproduktor
Głośnik

bicie
Perkusja

gitara
Gitara

kontrabas
Kontrabas

trúbka
Trąbka

klavír

Pianino

husle

Skrzypce

basa

Bas

tympany

Kotły

bubon

Bęben

klávesnica

Keyboard

saxofón

Saksofon

flauta

Flet

mikrofón

Mikrofon

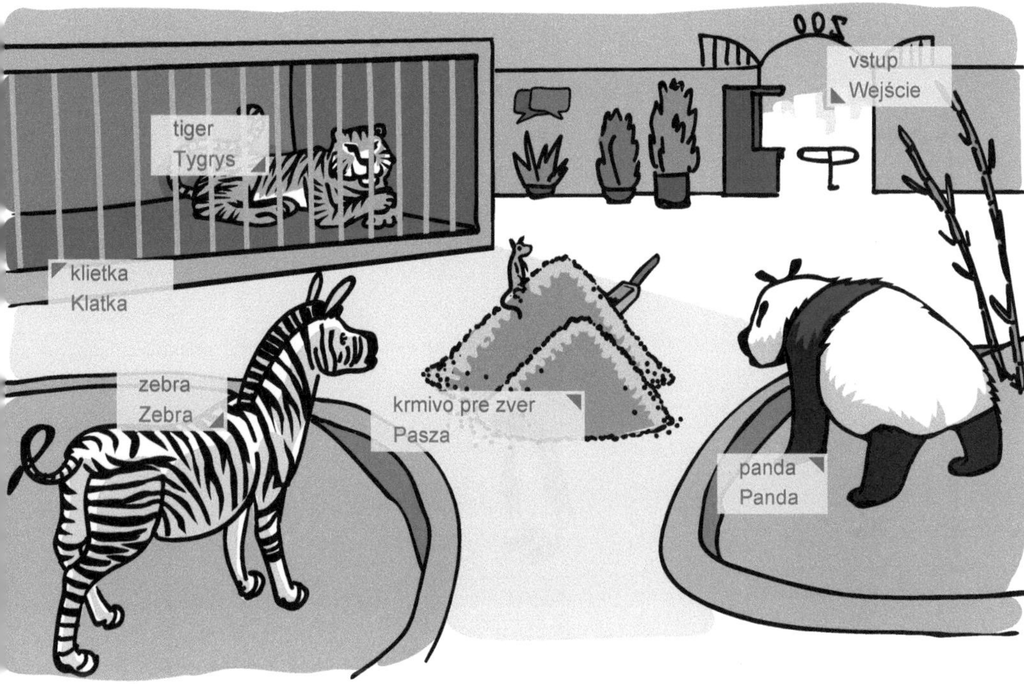

vstup
Wejście

tiger
Tygrys

klietka
Klatka

zebra
Zebra

krmivo pre zver
Pasza

panda
Panda

zvieratá

Zwierzęta

slon

Słoń

klokan

Kangur

nosorožec

Nosorożec

gorila

Goryl

medveď

Niedźwiedź

ťava

Wielbłąd

pštros

Struś

lev

Lew

opica

Małpa

plameniak

Fleming

papagáj

Papuga

ľadový medveď

Niedźwiedź polarny

tučniak

Pingwin

žralok

Rekin

páv

Paw

had

Wąż

krokodíl

Krokodyl

ošetrovateľ v ZOO

Dozorca w zoo

tuleň

Foka

jaguár

Jaguar

poník

Kucyk

leopard

Gepard

hroch

Hipopotam

žirafa

Žyrafa

orol

Orzeł

diviak

Dzik

ryba

Ryba

korytnačka

Żółw

mrož

Mors

líška

Lis

gazela

Gazela

ZOO - Zoo

americký futbal
Futbol amerykański

cyklistika
Kolarstwo

tenis
Tenis

basketbal
Koszykówka

plávanie
Pływanie

box
Boks

hokej
Hokej na lodzie

futbal	bedminton	ľahká atletika
Piłka nożna	Badminton	Lekka atletyka

hádzaná	lyžovanie	pólo
Piłka ręczna	Narciarstwo	Polo

aktivity
Działania

smiať sa
śmiać się
skočiť
skakać
objať
objąć
chodiť
iść
spievať
śpiewać
snívať
marzyć
modliť sa
modlić się
pobozkať
całować

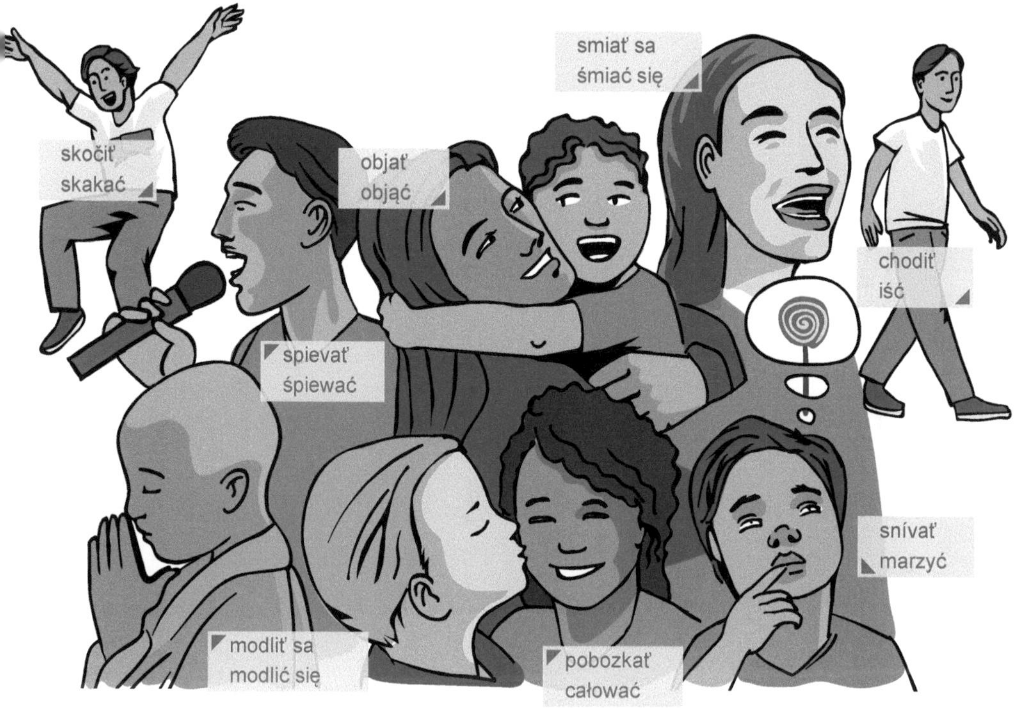

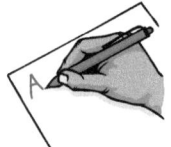

písať
....
pisać

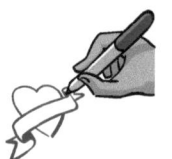

kresliť
....
rysować

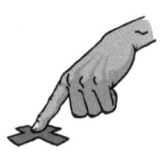

ukázať
....
pokazywać

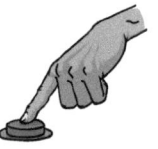

tlačiť
....
nacisnąć

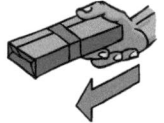

dať
....
dać

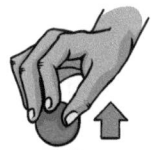

brať
....
wziąć

mať
....
mieć

robiť
....
robić

byť
....
być

stáť
....
stać

bežať
....
biegać

ťahať
....
ciągnąć

hádzať
....
rzucać

padnúť
....
spaść

ležať
....
leżeć

čakať
....
czekać

nosiť
....
nosić

sedieť
....
siedzieć

obliecť sa
....
zakładać

spať
....
spać

zobudiť sa
....
budzić się

pozerať
spojrzeć

plakať
płakać

hladkať
głaskać

česať
czesać się

hovoriť
mówić

rozumieť
rozumieć

pýtať sa
pytać

počuť
słyszeć

piť
pić

jesť
jeść

upratať
sprzątać

milovať
kochać

variť
gotować

jazdiť
jechać

letieť
latać

plachtiť

žeglować

počítať

liczyć

čítať

czytać

učiť sa

uczyć się

pracovať

pracować

oženiť

wejść w związek małżeński

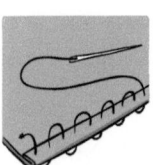

šiť

szyć

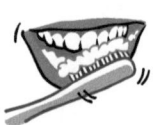

čistiť zuby

myć zęby

zabiť

zabić

fajčiť

palić tytoń

poslať

wysłać

stará mama
Babcia

starý otec
Dziadek

otec
Ojciec

mama
Matka

bábo
Niemowlę

dcéra
Córka

syn
Syn

hosť
....
Gość

teta
....
Ciotka

strýko
....
Wujek

brat
....
Brat

sestra
....
Siostra

telo
Ciało

čelo
Czoło
oko
Oko
plece
Ramię
prst
Palec
tvár
Twarz
brada
Broda
ruka
Ręka
noha
Noga
hruď
Pierś
rameno
Ramię

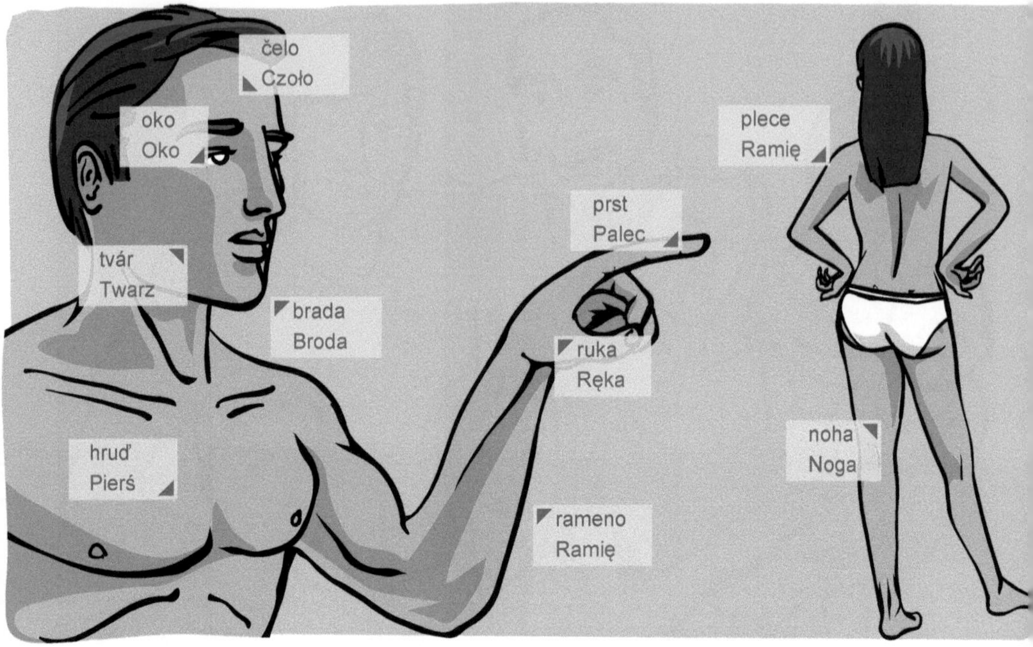

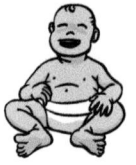

bábo
Niemowlę

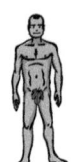

muž
Mężczyzna

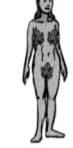

žena
Kobieta

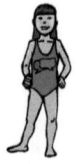

dievča
Dziewczyna

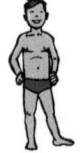

chlapec
Chłopiec

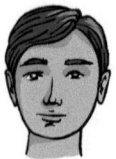

hlava
Głowa

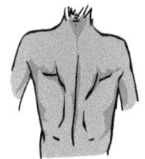

chrbát

Plecy

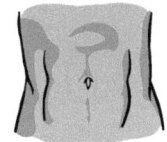

brucho

Brzuch

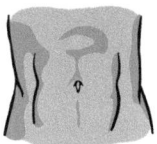

pupok

Pępek

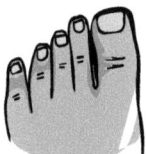

prst na nohe

palec nogi

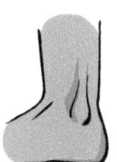

päta

Pięta

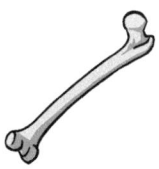

kosť

Kość

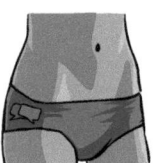

bok

Biodro

koleno

Kolano

lakeť

Łokieć

nos

Nos

zadok

Pośladki

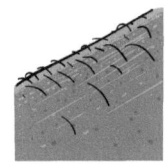

koža

Skóra

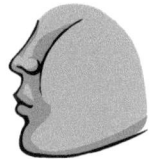

líce

Policzek

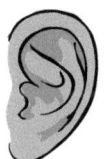

ucho

Uszy

pery

Warga

ústa

Usta

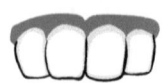

zub

Ząb

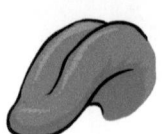

jazyk

Język

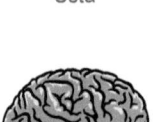

mozog

Mózg

srdce

Serce

svaly

Mięsień

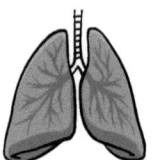

pľúca

Płuca

pečeň

Wątroba

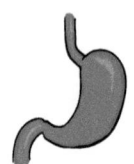

žalúdok

Żołądek

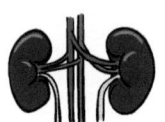

obličky

Nerki

pohlavný styk

Stosunek płciowy

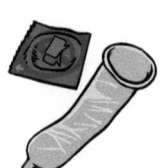

kondóm

Kondom

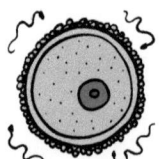

vaječná bunka

Komórka jajowa

semeno

Sperma

tehotenstvo

Ciąża

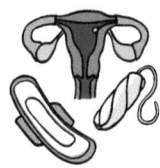

menštruácia

Menstruacja

vagína

Wagina

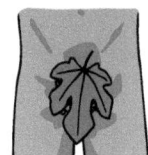

penis

Penis

obočie

Brew

vlasy

Włosy

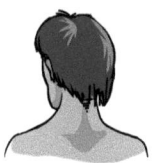

krk

Szyja

nemocnica
Szpital

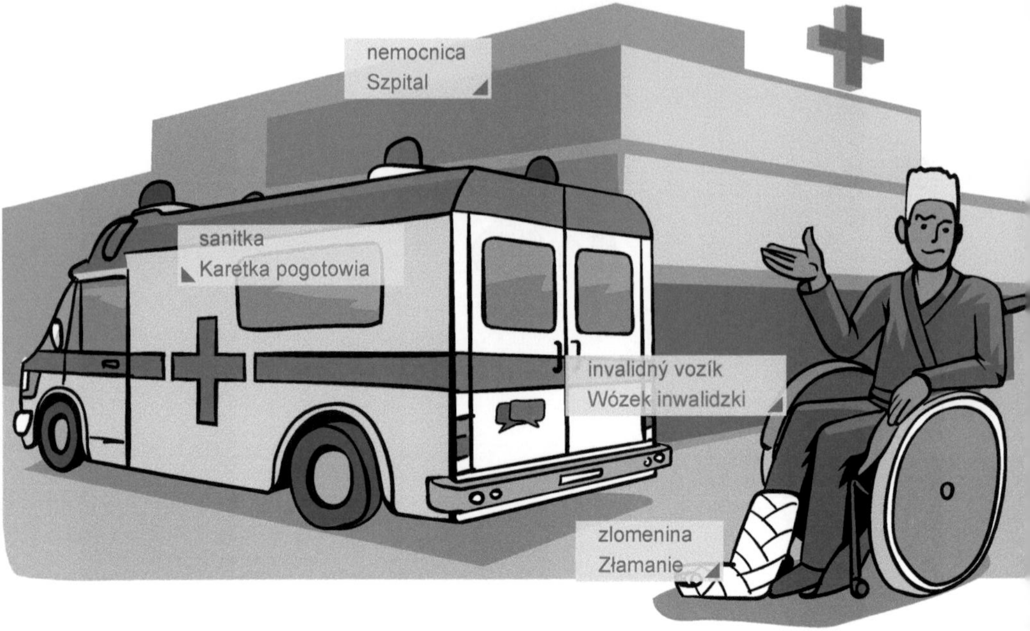

nemocnica
Szpital
sanitka
Karetka pogotowia
invalidný vozík
Wózek inwalidzki
zlomenina
Złamanie

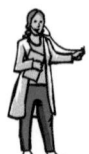

lekár

Lekarz

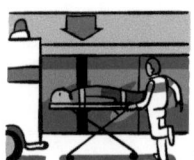

urgentný príjem

Izba przyjęć

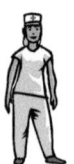

sestrička

Pielęgniarka

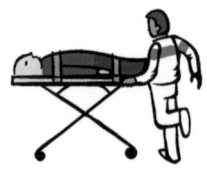

urgentný prípad

Nagły przypadek

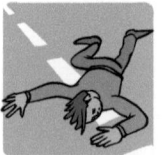

v bezvedomí

nieprzytomny

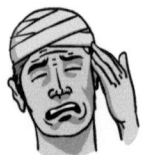

bolesť

Ból

zranenie

Skaleczenie

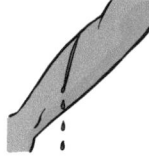

krvácanie

Krwawienie

srdcový infarkt

Zawał serca

mozgová porážka

Udar mózgu

alergia

Alergia

kašeľ

Kaszleć

teplota

Gorączka

chrípka

Grypa

hnačka

Biegunka

bolesť hlavy

Ból głowy

rakovina

Rak

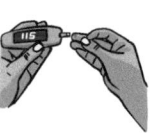

cukrovka

Cukrzyca

chirurg

Chirurg

skalpel

Skalpel

operácia

Operacja

CT
CT

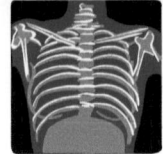

RTG
Rentgen

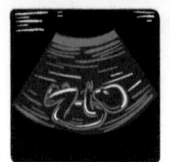

ultrazvuk
Ultradźwięki

maska
Maska

choroba
Choroba

čakáreň
Poczekalnia

barla
Kula

náplasť
Plaster

obväz
Opatrunek

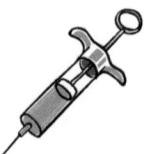

injekcia
Iniekcja

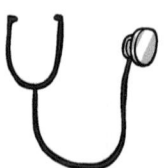

fonendoskop
Stetoskop

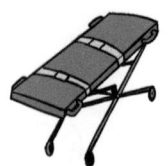

nosidlá
Nosze

teplomer
Termometr

pôrod
Poród

nadváha
Nadwaga

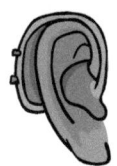

audiofón

Aparat słuchowy

dezinfekčný prostriedok

Środek dezynfekcyjny

infekcia

Infekcja

vírus

Wirus

HIV / AIDS

HIV / AIDS

medicína

Medycyna

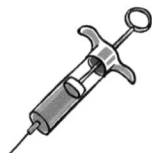

očkovanie

Szczepienie

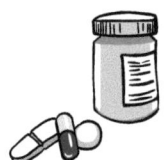

tabletky

Tabletki

antikoncepčná pilulka

Pigułka

tiesňové volanie

Telefon ratunkowy

tlakomer

Ciśnieniomierz krwi

chorý / zdravý

chory / zdrowy

Pomoc!

Pomocy!

alarm

Alarm

prepad

Napad

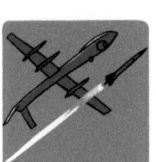

útok

Atak

nebezpečenstvo

Niebezpieczeństwo

núdzový východ

Wyjście awaryjne

Horí!

Pożar!

hasičský prístroj

Gaśnica

nehoda

Wypadek

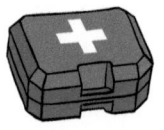

kufrík prvej pomoci

Walizeczka pierwszej pomocy

SOS

SOS

polícia

Policja

Európa

Europa

Severná Amerika

Ameryka Północna

Južná Amerika

Ameryka Południowa

Afrika

Afryka

Ázia

Azja

Austrália

Australia

Atlantický oceán

Atlantyk

Tichý oceán

Pacyfik

Indický oceán

Ocean Indyjski

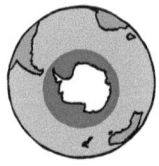

Južný oceán

Ocean Antarktyczny

Severný ľadový oceán

Ocean Arktyczny

Severný pól

Biegun północny

Južný pól
Biegun południowy

Antarktída
Antarktyda

Zem
Ziemia

krajina
Kraj

more
Morze

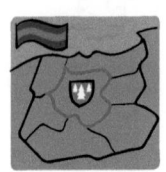

ostrov
Wyspa

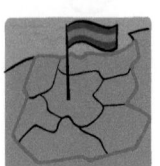

národ
Naród

štát
Państwo

ciferník

Cyferblat

hodinová ručička

Wskazówka godzinowa

minútová ručička

Wskazówka minutowa

sekundová ručička

Wskazówka sekundowa

Koľko je hodín?

Która godzina?

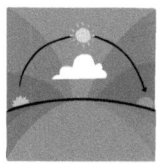

deň

Dzień

čas

Czas

teraz

teraz

digitálne hodiny

Zegarek digitalny

minúta

Minuta

hodina

Godzina

týždeň
Tydzień

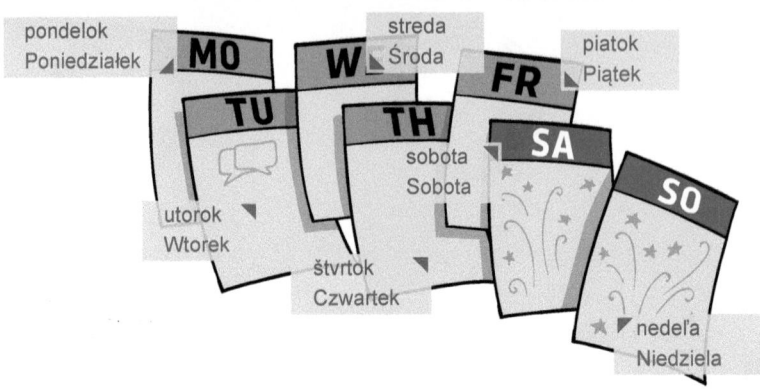

pondelok
Poniedziałek

MO

TU

utorok
Wtorek

streda
Środa

W

TH

štvrtok
Czwartek

sobota
Sobota

FR

SA

piatok
Piątek

SO

nedeľa
Niedziela

včera

wczoraj

dnes

dzisiaj

zajtra

jutro

ráno

Rano

poludnie

Południe

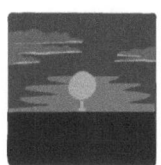

večer

Wieczór

pracovné dni

Dni robocze

víkend

Weekend

rok
Rok

dážď
Deszcz
dúha
Tęcza
sneh
Śnieg
vietor
Wiatr
jar
Wiosna
jeseň
Jesień
leto
Lato
zima
Zima

4.APRIL 11°
5.APRIL 4°
6.APRIL 13°
7.APRIL 8°
8.APRIL 10°

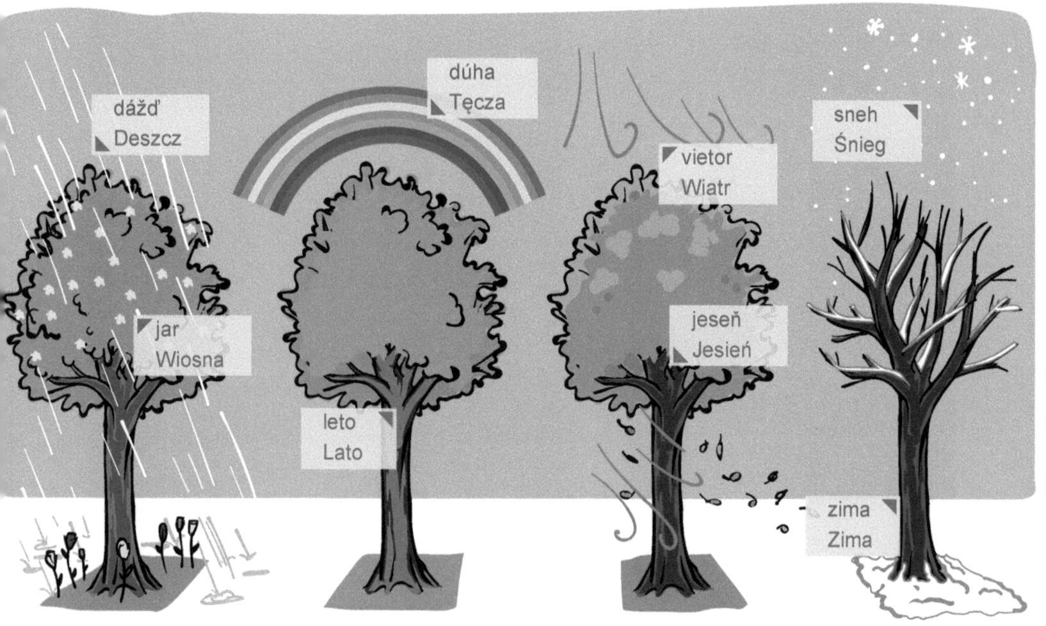

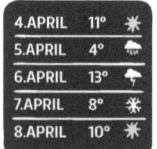

predpoveď počasia

Prognoza pogody

F
C
120
90
60
30
0
-30
40
30
20
10
0
-10
-20

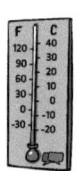

teplomer

Termometr

slnečný svit

Światło słoneczne

oblak

Chmura

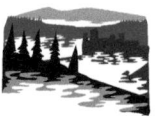

hmla

Mgła

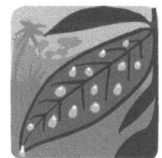

vlhkosť vzduchu

Wilgotność powietrza

blesk

Błyskawica

hrom

Grzmot

búrka

Sztorm

krúpy

Grad

monzún

Monsun

záplava

Potop

ľad

Lód

január

Styczeń

február

Luty

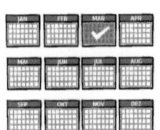

marec

Marzec

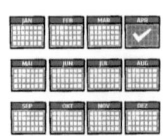

apríl

Kwiecień

máj

Maj

jún

Czerwiec

júl

Lipiec

august

Sierpień

september
....
Wrzesień

október
....
Październik

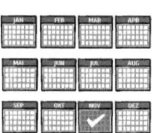

november
....
Listopad

december
....
Grudzień

tvary
Kształty

kruh
....
Koło

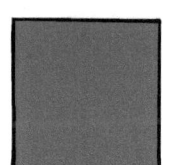

štvorec
....
Kwadrat

obdĺžnik
....
Prostokąt

trojuholník
....
Trójkąt

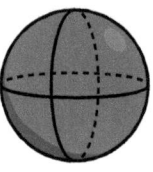

guľa
....
Kula

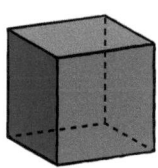

kocka
....
Sześcian

farby
Kolory

biela
....
biały

žltá
....
żółty

oranžová
....
pomarańczowy

ružová
....
różowy

červená
....
czerwony

fialová
....
liliowy

modrá
....
niebieski

zelená
....
zielony

hnedá
....
brązowy

šedá
....
szary

čierna
....
czarny

veľa / málo

dużo / mało

zúrivý / pokojný

wściekły / spokojny

pekný / škaredý

piękny / brzydki

začiatok / koniec

początek / koniec

veľký / malý

duży / mały

svetlý / tmavý

jasny / ciemny

brat / sestra

brat / siostra

čistý / špinavý

czysty / brudny

úplný / neúplný

kompletny / niekompletny

deň / noc

dzień / noc

mŕtvy / živý

umarły / żywy

široký / úzky

szeroki / wąski

chutný / nechutný

jadalny / niejadalny

zlostný / láskavý

zły / uprzejmy

vzrušený / unudený

podniecony / znudzony

tlstý / chudý

gruby / chudy

prvý / posledný

najpierw / na końcu

priateľ / nepriateľ

przyjaciel / wróg

plný / prázdny

pełen / pusty

tvrdý / mäkký

twardy / miękki

ťažký / ľahký

ciężki / lekki

hlad / smäd

głód / pragnienie

chorý / zdravý

chory / zdrowy

nelegálny / legálny

nielegalny / legalny

inteligentný / hlúpy

inteligentny / głupi

vľavo / vpravo

lewo / prawo

blízko / ďaleko

bliski / daleki

protiklady - Przeciwieństwa

nový / použitý
....
nowy / używany

nič / niečo
....
nic / coś

starý / mladý
....
stary / młody

zapnuté / vypnuté
....
włącz / wyłącz

otvorené / zatvorené
....
otwarty / zamknięty

tichý / hlasný
....
cichy / głośny

bohatý / chudobný
....
bogaty / biedny

správne / nesprávne
....
prawidłowy / błędny

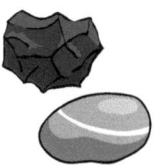

drsný / hladký
....
chropowaty / gładki

smutný / šťastný
....
smutny / szczęśliwy

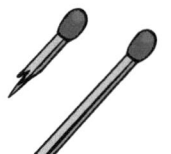

krátky / dlhý
....
krótki / długi

pomaly / rýchlo
....
powolny / szybki

mokrý / suchý
....
mokry/suchy

teplý / studený
....
ciepły / chłodny

vojna / mier
....
wojna / pokój

0

nula
zero

1

jeden
jeden

2

dva
dwa

3

tri
trzy

4

štyri
cztery

5

päť
pięć

6

šesť
sześć

7

sedem
siedem

8

osem
osiem

9

deväť
dziewięć

10

desať
dziesięć

11

jedenásť
jedenaście

12	**13**	**14**
dvanásť	trinásť	štrnásť
dwanaście	trzynaście	czternaście

15	**16**	**17**
pätnásť	šestnásť	sedemnásť
piętnaście	szesnaście	siedemnaście

18	**19**	**20**
osemnásť	devätnásť	dvadsať
osiemnaście	dziewiętnaście	dwadzieścia

100	**1.000**	**1.000.000**
sto	tisíc	milión
sto	tysiąc	milion

angličtina

Angielski

americká angličtina

Angielski amerykański

mandarínska čínština

Chiński mandaryński

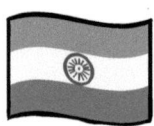

hindčina

Hindi

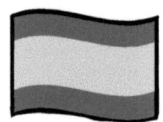

španielčina

Hiszpański

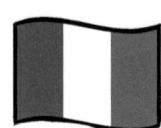

francúzština

Francuski

arabčina

Arabski

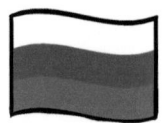

ruština

Rosyjski

portugalčina

Portugalski

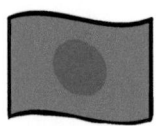

bengálčina

Bengalski

nemčina

Niemiecki

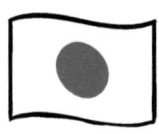

japončina

Japoński

ja
ja

ty
ty

on/ona/ono
on / ona / ono

my
my

vy
wy

oni
oni

kto?
kto?

čo?
co?

ako?
jak?

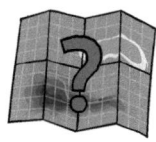

kde?
gdzie?

kedy?
kiedy?

meno
Nazwisko

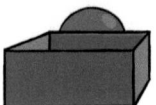

za
....
za

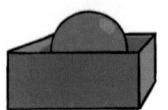

v
....
w

pred
....
przed

nad
....
powyżej

na
....
na

pod
....
pod

vedľa
....
obok

medzi
....
między

miesto
....
Miejsce